Tapsalteerie Modren Makars: Yin

Tapsalteerie Modren Makars: Yin

Irene Howat

Ann MacKinnon

Finola Scott

Ootset in 2022 by Tapsalteerie
9 Anderson Terrace, Tarland
Aberdeenshire, AB34 4YH
www.tapsalteerie.co.uk

Edited by Christie Williamson

Cover airt: *Wanderndes Paar im Regen*, Ernst Barlach

ISBN: 978-1-9162148-2-8

Prentit by Imprint Digital, Upton Pyne, Devon

*Muckle thanks tae The Scots Language Publication Grant,
for thair help tae ootset this buik.*

Ann MacKinnon

Makkin Modrenity

Tae be pert o da wirld o books is tae be pert o da wirld o wirds. Da wirds at ye're aboot tae enjoy are bön hokkit oot o da experiences o tree gey distinct an equally complementary poyits. Hit's bön my pleezhir an privileej tae spend time wi dem an dir wirds dis year past.

Tae be pert o da wirld o wirds is tae ent dir meanin. Hit's no dat hard ta mind a time whan Makar wis a wird no muckle heard. Mair laetly, hit's bön a denoter o office – Scotland's first offeeshilly recognised Makar o reecent years wis Edwin Morgan. Her major cities, an even prominent cultural festivals, hae dir ain tae scrieve apö da resonances o dir lives an times.

Hit's a fine wird, an a fine thing tae fin. Poyims is med. Dir med fae langweej, experience an emotion. Dir med by Makars.

Aniddir wird we keep hearin is "Modren". Modrenity wears a chameleonic jersey. As a student o history, Ah think o hit as daetin fae aroon da 18th century – risin wi Hume, Smith an nascent revolution in France, an in whit haes noo become da wirld's superpower. As a student o literature, hit's an airly twentieth century phenomenon.

Tae be Modren is ay shiftin, an trow dir various perspectives dese Makars present different wyes o seein an bein, in a constantly shiftin wirld an a country affen taen up wi hit's ain past.

Ee thing at plen as day isna in da past is da use o Scots tae graet effect. Da kailyaird enclosure o Scots as a leid for da couthy an countrified is gien da lie by dese tree very different voices. Whilst dir is wark here at draas apö tried an tested themes, legion poyims in da pages at folloo expertly öse da Scots leid tae enlichten up tae da millisikkind preoccupations an concerns.

As an editor, Ah wis faesd wi da best o aa possible problems – mair high quality wark as Ah hed spaes for. Ah hoop da selections a'm med shaa aff da talents o dese Modren Makars tae da best effect.

Da book awppins wi Ann MacKinnon's poyims. Dese reenge fae keen seen minutiae o modren life tae da existential history o Europe, an Scotland's plaes derein. Finola Scott takks her lyric maistery tae baith da very contemporary an also tae da deep time o Scotland's psyche, file Irene Howat explores fu we as human beins connect across generations an across different experiences trow her musical Ayrshire Scots.

Tae be pert o da wirld o books, books hae tae be med. Hit's a graet privileej tae be able tae present dese poyims tae da wirld, an alangside da poyits Ah commend Tapsalteerie for bringin da wealth o poyitry atween dese covers tae yer bookshelf, yer keetchin table, yer library. Micht hit bring ye as muckle fulfillment as hit's browt me.

– Christie Williamson, Modren Makars Editor

Ann MacKinnon

Occitania

It wis kent as the signal or *senhol*
an ye wur haunded it if ye hid
the impidence tae spake Occitan.

It wis kinda like pass the paircel.
Ye could gie it tae the neist bodie
spakin thair ain tongue.

The wan left haudin it
at the day's hinnerend
wis cloutit wi a baguette.

In Scotland it micht be
a rattle on the fingers
wi a ruler or the strap.

Ye micht be tellt tae syn
yer moo oot wi carbolic
for yaisin thon clarty tongue.

Either wey yer ain spek
wis dunted oot o ye
till it wis near dichted awa.

Noo in Occitania
an in Caledonia
thay're jeein us on tae spake it.
But huv we left it ower late?

Guddlin for Wirds

Jist like the siller troot
glentin in the watter,
uisge simmers on ma tongue
but then it skites awa fae me.

Hoo aften huv Ah tried tae guddle
for it an catch the breach,
only tae huv it slip throu ma fingers
an glide oot o sicht?

The language soonds *glè mhath*
an Ah want tae haud it tae me
but aa that stoits fae ma tongue
is the auld Scots as the troot swims awa.

Scotland

Like weel kent auld shin,
ye rowe your hait aboot me.
Ye haud me tae ye.

But thare's a split-new
teuchness in yer grasp,
a haud that's nae sae supple.

An yet aa that is ye
is aye thare; your brawness
staps me wi wantin

But insteed o the canny
acceptin o yer scuffin
thare's new lifie in yer step.

Lookin for the Rowe Back

Ah look at a foonderin kintra –
brent hooses an fowk skaithed.
Nae place tae gan – nae welcome.

Ivry nicht bombs hash thair hameland.
Here we gaither claes an fuid
in great muckle bings, no kenning

if oor haund oots will reak thae hameless.
Gin we cud rowe back the video
thay wud be awricht agin.

The deid wid rise yince mair.
Ah rax for the remote control but ken
it'll no wark for thae farawey fowk.

Ma monie cannae red up this midden.
Ah hunker doon, owertain, hertsair,
ettlin tae fund the rowe back.

Insteed Ah ding the replay
an hae tae luik yince mair
at thae wracked boadies.

Faslane an Ayont

Oor veesitors win tae the hoose.
We tak the road wi thaim.
A smirren spittle saftens the air.

Throu Glen Fruin a squinty wee road
slews an jinks its wey intae ma heid
as Ah tour guide throu auld battles.

Nooadays a firing range,
forbidding signs dinnae pit aff the gleds
that soar abin us.

Thay're dumfoonert at the brawness
but stammagaistered at Faslane
clartin the shore.

At the heicht we gowp at
the loch where a kraken lurks
surroondit by its navy o metal cranes.

Razor wire glints, offerin
a howf for the grey reaper.
The smirr has turnt tae blatter.

The Daurk Room

The warld is a daurk room the noo.
Thare's nae peace for us –
only a constant blatterin an breengin aboot.

Hoo are we tae licht the lamp again?
Stoap sittin like craws in the mist.
Get aff oor bahoochies an parlie.

We huv tae wauchle throu this
or we're gaun tae be hauden doon
an battered aboot for aye.

We're sittin on a shoogly chair,
starin at an emptie grate, fushionless.
Noo's the time tae staund up – show smeddum.

Here's whit tae dae:
Scrieve tae ony high heid yins that micht listen,
pit an advert in the paper callin for
like-minded fowk tae come oot o hidin.
Hae a collogue,
Gie vent tae yer spleen
Chap on the door.
Haund in yer petition.
Run a marathon.

Haud a coffee morning.
Tak presents tae auld fowk.
Volunteer in a soup kitchen.

Ye cannae sit forever on yer bahoochie.
Get oot thare, gie it laldy.
Show that ye're still livin.

Midden

The wirld is fu o schuch –
in the lift, on the sea, in the grund,
in oor ain sels.

If we cannae clear up the clart
thare'll be nae wirld for the bairns
an we'll be pysened.

Whan the stank in oor gairdin burst,
it fluded the grund wi aa oor durt.
The steuch wid gar ye boak.

That wis jist a wee gairdin
so whit are we gonna get fae
the midden we've made o the wirld?

Tulzie

Intae the tulzie twa braw chiels louped.
Thay tussled an tirled, scarted an chuggled,
until ain o the twa tae the grund wis cowped.
Baith wur fair ferfauchlet an gey puggled.
Ain stood glowerin, souchin an gowping.
The ither lay trauchled efter his cowping.
Baith forjeskit at the end o thair louping.

Thay glowered grugously at yin anither,
speiring the reason for the stramash.
Thay couldnae mind whit drew thaim thegither,
nor had ony pech tae dree thair fash.
Wi a soun that micht hae been greetin
thay tumbled in a tulshoch, tears in thair een,
lauchin sairly at whit micht hae been.

He Gied me a Haund

He gied me a haund whan Ah cowped,
heisted me up, dichted me doon.
He wis hunkered, beggin, then lowped
up tae sauf me fae the cauld grund.

Ah taen him in for a wee bit tea
an wis gled tae see him scoff awthin.
Then Ah bided ma time, let him tell me.
'Ah wis in the airmy, then naithin.

Ah hid tae leave ma faimily, nae
guid tae thaim. Noo Ah'm grievin.
Ah cannae get wirk or a bawbee
so Ah jist sit here an eke oot a livin.'

Ah gied him whit chynge Ah hid loose
an went hame tae ma tim hoose.

Brexit

We're cooried doon neist the brace
while the ruif is verra near liftin aff,
an unco heckle blawin in oor face.

The verra windaes are rattlin loose.
For noo we're haein a guid lauch,
cooried doon neist the brace.

Hoo muckle langer will oor hoose
haud oot agin the howlin stand aff,
thon unco heckle blawin in oor face.

We need tae tak tent o whit's apace
whaur awthin is gawn agley, richt aff,
while we're cooryin doon neist the brace.

We'll hae tae pit oor heid oot aince
an find oot whan eneuch's eneuch
o the unco heckle blawin in oor face.

We'll hae tae batten doon whit's loose
an mak sur naethin's brak or blawn aff.
For noo we're cooried doon neist the brace
while an unco heckle is blawin in oor face.

Anne Frank

She's smiling, eyes bricht,
sklentin sidewise –
aiblins a schuil photie.

As yet nae nip o the loft
where she wis tae bide oot
sae muckle o her youth,

afore it wis stealt
fae her by the notion
o a madman.

Hoo mony faces
wur photied thus
afore the official

records revealed
rickles o banes
bunged in pits.

Oradour

We taen nae pictures.
A notice at the yett
cawed for silence
but thare wis nae need.
Naebody wanted tae spake.
A hail village burnt oot
an kept that wey, tae alloo us
a glimp o man's cruelty.

For me the brent an rustit
shewing machine said it aa.
Ah thocht Ah saw a wuman
in a pink flooery frock
makin a sark for her bairn,
haudin it agin his boady
tae check the fit.

Thay taen that bairn fae her
an killt the future.

The Lichts o Paris

Owerset fae 'Les Feux de Paris'
by Louis Aragon

Aye in the coorse mornins
whan like a hoor wi gyte een
in the gum o yer pomes,
the Isle St-Louise hoves peelie-wallie
atween the shanks o the Seine,
Baudelaire, Ah think on ye.

Ah am lairnin tae accep
the canny chynges
but aye it is yer Paris.
Ah ken that the orange
has tae turn tae blue
whiles Ah'm still tae the fore.

In sochting her weird
the city has flung awa
her bawdrain o greenery. Pridefuness
has pentit the laundscape
like a lassie maks up her gob
tae win ower a new lovie.

Nowt is like it wis noo.
The Wallace fountains
greet for the forfooten
waiters whae speired
'Yer pleesure, Madame?'
as the pianos dirled
alow the parasols.

Noo it's fast food
an crimson lit ruifs.
The thoosand year auld gloaming
is owerset wi show lichts
as electricity sets
the biggins alicht.

Fou licht is on black fancies
Fou licht is on the pit-on-ness o the airts.
For summer burns aye in neon
pittin oot the human lowe
an awhere haunds stretch oot
for the warmth o the rael sun.

Exotic Perfume

Owerset fae 'Parfum Exotic' by Charles Baudelaire

Wi baith een steikit shut, ae nicht in autumn,
Ah snuffed yer warm breist's fragrance
an saw spreidit afore me maumie launds,
girded in flames by the monotone sun.

A lousome isle, that nature has gien
andrin trees an a fell guid hervest,
men wi boadies at thair brawest an best
an wummen wi een wunnnerfully candit.

Sooked in by your perfume to thae braw coasts
Ah see a hyne filt up wi cannas an masts
an yet the sea's swaw saps thur streingth.

While the fume o the green tamarind
staps the air an meets ma senses,
the sailors sang aichs throu ma mind.

Hebridean Funeral

Black-clad thay traik
ahint the semple pine kist,
heids doon, een on the grund
schauclin wi him tae the grave.

The watter skelps this dreich
shore an seamaws
greet for mair, for mair
abin the wave's rair.

Anither age caws thaim, but
thay haud on tae custom
an cairry him tae the
heidland o his cauf kintra.

Nae greetin, nae wirds, stiff
moos howkit fae this dreichness
as thay lower the kist
inch by inch intae the daurk.

The wind sears thaim
an thay haund back the boady
tae its hame. The grund
pulls him intae her waim.

The Kistin

We aa stood on the cairpet
o green kid-on gress,
oor mind on the kistin.
Each yin taen a towe
an oor thochts wur on bygones.
We had foregaithered
tae see him awa – nane o us
very shair-fitted ony mair
but we hung on, let him gan
slowly intae the earth.
Then we aa stood abuin him,
wunnering wha wis neist.

Dry Stane Dykin

The foond has tae be
beeried gie deep so it'll haud
whit's tae gan aboon it.

Twa columns an a throu stane.
Every scruif needs hertenin.
My haunds are teuchenin.

Ah pick each stane, dirl it
intae shape. It has tae fit
like a bane, nae gaups.

Ah feel the shairp edges an mak thaim
smuith. This is ma dyke –
ma bolster agin the snell wund.

Drystane moves wi that wund,
doesnae crummle, hauds strang
against ony weather, blands in.

The Sculptor

He sculpts his selkie
oot o friestane.
His furmer waps.
Sclenters clash at his feet.

He stands, near nakit
but for his braid baudric
tae haud his rigbane – broon
wi a smir o stoor.

His dunts are wechty.
Muckle dauds are hoekit
oot o that bit clint until
ye kin jist aboot fin her maik.

Yince that's din, he's tae
be canny wi her noo;
roond aff her shouthers;
paddle aboot her gizz.

He skechs a smirkin
at his perfeck wumman.
She belongs in the watter
but is tethered here in stane.

The Goldfinch

Ah cannae mak ma mind up.
Is it a pentin o a real bird
shackled on its perch

or is it stuffed,
wi thon starin gless een
an the lack o mudge?

Whitever! It's a fine picter
that spakes tae me
o brawness.

Its gowd feathers
an thon bonnie yella strip
on its wings

mak me want tae
rax oot an clap it
but it's too bruckle.

It micht gae aa tae bittles
syne it wis touchit
or let loose …

Divin

The black-hausit diver hants me
as Ah shove ye tae the pier, jinking
the creels an snaky raips –
hurling ye forrit.

Thare's a sauchtiness on ma tongue.
Ah want tae lairn tae build dykes,
tae haud back the tide
but ye want for naithin.

Ah hawped tae see a glent o mindin
in yer ee – but thare's nowt thare.
Ye glower at the watter, seelent,
haunds stookies in yer laip.

Thae selfsame haunds wid haud mine
as we louped intae the watter thegither
an cam up for air, lauching.
Noo ye're quait.

The black-hausit diver dooks in,
an then its braw heid
appears an it gies thon oorie greet.
Ah could skreek at the loch tae –

but Ah jist souch,
for thare's nae licht in ye.
The loch lappers an Ah long tae dive,
heid-first intae it.

Postcairds fae Muck

Efter a sair trauchle Ah've made it.
The boat took a fair few birls
afore it got intae the harbour.

The hoose is hamely an the fuid is rare.
Ah'm gled tae get ma heid doon
an no be shooglin aboot on the watter.

Ah've taen a stravaig tae the graveyaird
an fun his hinnermaist airt.
The stane needs a bit o wark.

Ah broucht ma tools the day.
Ah'll scart oot the letters an repent.
Hope it's no too roarie.

It's a sair fecht for the weather
is gie coorse an cloors ma heid
as Ah coorie doon tae ma wark.

Aince it's aa scoored oot
Ah'll repent the wirds, feenish it aff.
That'll dae the morn.

A brichter day aa thegither
so Ah leave his epitaph glentin –
Gus am bris an latha.

Gus am bris an latha – Until the day braks

Thay Brocht Me His Cap

Thay brocht me his cap,
fund on the shore.
It is so wat.

Ah staund at ma kitchen table
haudin it against ma pinny.
Ma breist is soakin.

Ah hid spent the hail week
usin the last o ma rations
tae mak a denner fit for ma boy.

Thay tellt me the war wis ower
an he wid be hame the nicht.
Maybe Ah wis too prood.

Ah thocht we'd enjoy the Daft Days
aa thegither for the first time
in fower lang years.

Huv ah been too shair o masel?
Hoarded ower much
for the feast the nicht?

Ah must hae din summat wrang
for Him tae tak ma lad.
The Lord giveth an he taketh away.

Shaddae Boxin

He decidit tae mak a shift.
eftir being in the same howf for years,
jist sittin in his chair starin at shaddaes.

Thare wis a lot o seevin throu auld
letters an photies, faded noo,
calendars an diaries fu o bonnie script.

Mindins wur shared ower a wee dram.
A few tears wur shed
but maistly it wis a lookin forrit.

The new place is grand
wi his ain clamjamfrie strown
aroond him makin him feel at hame.

He's taen tae the routine
like a man wha has cam
oot fae the shaddaes.

He's wantin a pedometer
tae missure the nummer o steps
he taks in a day. Twa miles he reckons.

He wants tae keep his boadie
as fit as his mind.
He's taen up shaddae boxin.

Ma Granmither's Table

In ma granmither's kitchen
thur wis a table – gie tashed
but it sairved its purpose.
The family fed at it, lauched
argie-bargied an even gret.

In atween meals
ye'd dae haimwerk,
sittin amang the stew
o the muckle kettle
snod – at haim.

Aw life passed ower thon table –
Babies' nappies chynged,
bairns' skint knees plaistered,
haunds held tae comfort.

Then scrubbed doon,
it wis yince again oor eatin place.

Thon auld table cam doon tae me.
Ah kep it gawn, sometimes
wi a cluit on it for a wee soiree –
aye for cups o tea
an blethers.

Ah thocht Ah'd dae it up.
Weeks o scrapin
scartin, sandin,
scartin-scrapin-sandin,
then coat efter coat o vairnish
Feenished
it wis braw – too braw tae yaise.

Noo it sits in a corner
wi a geranium on it.

Brief Encounter

They swaggered ontae the train,
slitterin ketchup fae ower het chips,
fu o the nicht, braggin on their ploys.

Faces rid, up tae high do,
moos gollopin in air an chips,
aw their muck skailed on the flair.

Haunds dichted on jeans,
keen tae rax for thair phones
tae pass on thair craic.

Ah cooried doon intae ma sate,
Metro up, no wantin tae hear.
'Hey missus whit's the next stoap?'

Ah lower ma paper parapet tae spaik.
'Aw it's ma auld teacher. Dae ye mind o me?'
Ah mind only too weel.

Noo Ah'm the focus o his braggin.
'Ah'm much mair mature noo,
haudin doon a joab.'

The ticket collector asks,
'Are they annoying you madam?'
'Tickets, then lads.' They act daft.

'Aw mister we bocht chips. Nae money left.'
They turn oot thair pouches.
'Off at the next stop then lads.'

As they get aff, the guff o chips in their wake,
they bang on the carriage windae,
waving cheerio, awa hame, fair gallus.

Openin the Page

On a cauldrife day in November,
Ah wis sittin in the leebrarie
aa by masel. No anither soul
tae see ma dumbfoonertness
at whit lay afore me – a muckle
tome wi ma faimily's forefolk.
Ah wis awaur o a drip
somewhere ahint me – like
the steady beat o a cloak
as Ah read thae wirds
that gied me ma ain history.
Ah wis fell stammagaistered
tae fund ma hail life
up tae noo wis a big lee
for ma faither wisnae wha Ah thocht.
Ah shut the book,
but couldnae forget.

Leaving Hame

It wisnae gonna be easy but
it hid tae be done.
Grab the thistle by the throat.

Gan in heid on,
nae skirtin roond it.
Thare'd been eneuch o that.

Ah'm leavin, gaun abroad,
startin a new life.
Ah've got a joab.

Ah cuid tell she wis stammagaistered
but gie her her due,
she smiled an said,

'Ye're richt hen.
thare's nothing here
Ye need a challenge.'

Ah hid aa ma arguments ready
An she taen the
wind fae ma sails.

Empty Shore

The hoose has been redd oot
An thare's nowt left o ye,
only a picter o a boat
on an empty beach – a cauld canvas
compeered tae the sea an the saun
richt ootside the door.

It's no tae be, you an me,
ower much water atween us.
Aw that's left is that tuim canvas,
a boat forever tethered.
It'd only cowp wi oot
ye tae steer it.

Ah'd rather be ootside than
in here thinking on ye.
Ah'll hae anither stravaig,
gaither a pickle shells,
skelp some stains
intae the water, weep.

Thare's nowt but shairp sand
fawin thro ma fingers
an being syned oot tae sea.
Ah wish that silken froth
wid cairry me tae ye.

Glesga Schuil o Airt Rebiggit, 2017

Fae the ashes airt is kennled.
A brent sliver o wuid
is sculpted intae a ruid.

It has tae be sauf,
for it micht burn again.
if it is left alane.

The wuid splintered
but the brass plates
o the lichts held strang.

It micht tak metal
tae haud this new stert.
Whit better than bronze

tae owerlay the ruid,
far sicker than brass
tae tak on sins.

Whan the hail place
turned tae dross
nae altar wis left.

But noo bit by bit
it's being rebiggit
an thare's a glent.

Glesga Schuil o Airt is Deid, 2019

It wid aye hae been saicant best –
a mere replica o whit used tae be.
Whan the flames laid intae it
yince again, aa hope wis loast
Weel-wishers timmed siller in
an artists created fine warks.
'Long Live Art' scrieved on an urn o ashes.
That urn wid hae crecked in the heat
an the ither epitaph on it – 'Art is Dead'
haunts us noo. The bronze cross micht bide
but the auld timmer is long gone.
Aw we can say is we made a shape
but noo we maun leave it be.

Notes to the poems:

Oradour
Screevit efter a visit tae Oradour-Sur-Glane, France, where on the 11th o June 1944, German soldiers killt aa the villagers an brent the village.

They Brocht Me His Cap
On the 31st December 1918 The Iolare gaed doon aff the coast o Lewis, takin wi it 210 servicemen on thur wey hame eftir the war. This micht be a mither's greetin.

Glesca Schuil o Art Rebiggit, 2017
Airtist Douglas Gordon biggit a cross fae brent wuid an cast it in bronze.

Glesca Schuil o Art is Deid, 2019
Grayson Perry makit an urn fae charcoal an writ on it Art is Dead, Long Live Art.

Finola Scott

Stane Dyke

Gaither stanes intae a rig ruinie obvious aye   but
nae need for thaim tae be sel an same
    Sandstone Blue John *Granite*
The trick is   tae pile   brent layer pack ticht
Malachite   Mak maichin inform yer neeboor
it'll mak ye freends   *Slate*   roon-ee'd pebbles
    seem naething   but thay haud   boonds snug
block chinks nae room for manoeuvre rock solit
    Rhyolite Schist Meta-quartzite
belly-fat boulders   fettle fast adduce strenth
    catch ithers   aff guard *Basalt* chuise rough
or soond   mak   a slick facade   *Obsidian*
perfaisonal bent set   *Fire Agate*   cup it   roond hills
    Copper   breenge   doon glens   mak yer ain easins

Newfangled

Och dinnae talk tae me aboot him daunderin
in here, aa big man, gallus chiel. Cam ower
frae the Stanes efter the Hairst Muin yestreen.

Awbody stoppit, jaws hingin, mooths flappin.
Sic a sicht – handsome lad happit in a skin
cloak, agin the wind clatterin the trees.

Aw the wimmen fluttered roon, twitterin
like burdies in the spring. The menfolk
wur aa awa deep up the glen efter the deer.

Gied him broth frae ower the fire, tae warm him.
We aa felt the cauld syne the leaves turned gawd.
He'd caught a tang o the salmon roastin.

Did he sup frae the cup? Och naw, nae him.
Frae oot his cloak he pous a curved theng,
gie bonny. Whittled – a haundle an a wee bowl.

Nae jist a shell stuck on a stick, like oors.
He cried it a spuin, stirred the bree, scoopit
up aa the wee bits o barley.

Whit'll thay thenk on neist?

Thegither

A feegur breks the brackish muir,
stauns heich, preachin, prayin. Here
Covenanters gaither on rimied loam,
sombre witness agin a pewter sky. Stern chiels
an dairk plaided wummen, worn buits crack ice.
Hunners settlin tae ane – a Conventicle.

Thay tak tent, spek wi thair God, haud tae Bible
an conscience, thegither. Ae lug on Peden
unflinchin in his Lord. The ither lug cockit
for the danger of bridle jangle, the rattle o bit
in mooth, the slash o swuird. At the edge,
a feegur wi the leuk o Peden, fause faced

in laither, locks an teeth. This hare will rin
tae lure Redcoated Hounds. On the wrunkelt map
thare's nae trace o bluid skailt by Dragoons.
Bracken bodies tak liturgy's comfort. Nae king
is awmichtie here. Prayers flee as flaucht
frae lips gainstaundin.

Faithfu Unner Tyranny

*'In the world ye shall have tribulation; but be of good cheer, I have overcome the world.' – John 16:33**

Oot on the moss, Brown lifted his heid tae a soond
as he cut peat efter faimily worship. In simmer mist,
he wis hainin wairmth agin sair winter. But it wisnae
a peesie-weep welcomin the morn, it wis sodgers.

Thay kent him, a guid man an a lang marked yin.
Excited, the Dragoons steekit him, nae argie-bargie,
an taen him tae his ane door. But for aa the swuirds,
guns an threats, he couldnae, wouldnae abjure.

No for his ane skin, no for the bonnie bairn
tae come, no for the wee laddie hidin his big een
in his mither's petticoat. No for his guidwife
standin bricht as faith in the saft May sun.

Oh she kent his thochts on attendin the curate,
she'd seen flocks o fowk flutterin ower the muir
tae pray. Sure, hadn't she been warned tae keep linen
by her, for his windin-sheet? She wis aye ready.

The angels may luve sic shinin peeity
but it wisnae eneuch. No strang eneuch airmour
agin the winnowin mesh grippit by Bluidy Clavers,
fyle he raged ravenously ower the land.

* *Frae the chapter John Brown wis readin the day he deed.*

Fanatics

for the Wigtown Martyrs

Abjure.
Niver, nae us, nae the day,
nae the morrow. Niver.

Feet glaur-stuck, rough hauns roped
unner the Maybricht lift,
twa wummen staun thegither stake-gruppen.
The toon's hairt beats.

Quick-watter handsels anither baptism.
The Almichty bides his time
til tide's rise.
Saut-watter pirls ower brackish marsh,
the meenister on his knees.

Yin's heid's held up, the young yin,
the bonny yin.
The ither, thon auld
heid's pushed doon tae tempt
twa chynges o hert.
Abjure.

Niver, nae us. Nae the day,
nae the morrow. Niver.
We'll bide til Hindmaist.

Metal? Mair like Mental!

Awa ye're haverin.
Ah dinnae button up the back,
ye're gaun tae find somethin?
First time oot wi yer wee toy
an ye expect thon. Ye're haverin.
Metal detectin? Whan Ah wis wee
Ah wis kickin a ba agin a wa.
Metal, Ah ask ye. Ah've plenty
roon the back – thon auld bike,
a set o ladders. Mibbe ye cud find
thon screwdriver Ah lost? Naw.
Ye're awa up thon brae, tae find treasure
frae the Picts or mibbe some bits
o auld railway. Whit aboot Bruce's
sword aa bluid crusted? Or Oor Wullie's
bucket? Desperate Dan's pie dish wid be rerr.
Oh ye'v read aboot the pill boaxes
frae the War. Well gies a brek an bring
back a pill – ma heid's pure nippin.

Scottish Horse Squadron

Perth, 1914

Oh aye we've luikit
horses in the ee.
Thon pair blinkered sauls
sweat an tremmle unner men
lik oor country's wimmen.

Mute craiturs, bridled an led
intae the fray o protest,
jostle shouder tae shouder
agin us as we sing at the jyle.
Oor voices will be heard.
We will get the vote, spit
the bit from oor mooths
but whae speaks for thaim?

The Guidwife

Aw she gangs bricht
orange an spotted wi eevory
loupin birlin dauncin
tumles her wilkies
aa aicht legs busy
alang the heicht wire
haupie-step-an-jump
plump as blaeberry
but nae as sweet
busy wi webstercraft
as she fettles an repairs
her bricht web shimmers an shakes
wi fankled denner's weight.

Aw dreich winter her waens
nap deep in gauden baws
cooried in wizzen leaves
til the warmth o the sun
says its time tae gang awa.

The Cowdy Brig

Lyle Hill, Greenock, 1850

She hunkers an tells her worn beads
on this furrin hill. Her sair-earned wage
sent agin an agin. Noo his boat comes
she howps, afore derk swallies aa.
He will come.

Aneath fuschia hedges we sang,
mooths crammed, guzzlin berries.
We birl bairndom awa.

The clud breks an she grips sicht
o the wee bit toy. It turns tae bird
syne a ship, nae currach, its reek smuirs
the crammed deck. Lint-wan faces
in a grey hudder. She cannae see him,
but feels him shilpit, paulie, stairved.

Juist, shawl-bound banes, the folk haud
ilka ane stacked like votive caunles, or auld turf.
Thae tattered souls lean furrit tae catch
this laund's fat-bellied sang.
Wheat, mete, milk, fish, oats.
Plenty.

Cheeky Burdies

The World's End Pub

One for sorrow. Two for joy.

It squats twa-faced on the corner
midnicht blue
as a magpie's wing
lookin doon an roon the brae
linkin Castle an Palace

wi Parliament richt at the bottom.
Aince by the gates in the city wall
it teetered on the edge, ootside nowhere,
inside the hail world – Edinburgh.

For thon pair o bricht lassies
oot for a nicht on the toon
it wis the end o the world.
Nae mair dancin or singin tae
David Cassidy, nae mair Osmonds.

Three for a girl. Four for a boy. Five for young.

Noo tourists pop in the dank pub
tae savour real life, real Edinburgh
tae scoff cullen skink, haun-tied leeks
an creamy crowdie.

Then it wisnae real beer or reid wine
jist wee haulfs sooked in dark
corners by quait men leanin
on thair elbows waitin for time tae pass.

But ane o those men wisnae jist quait
He eyed thaim wi derk thouchts
laffed, lured then bound an gagged thaim
leavin thaim, the judge telt
'like carrion, exposed for all to see'

Six for old. Seven for a secret never to be told.

Tousled Feathers

Slumpshuddered Ah stagger
hame in simmer bricht. Ah wish
Ah'd got the last bus, wish Ah could
affuird a taxi. Aheid Ah catch the edge
o a ruckus. Angry roars, coorse curses,
harsh insults grip the air. A ficht
blocks ma path. The gang squabblelunge,
ricochet. Sharp jabs, hard blows.
Heids cocked, feet at the ready,
thay prancepounce. Een narrow.
Broad backs, sturdy legs braced,
thay bouncegrab burgers, tussle buns,
batter fish. Ootricht champion, a gie burly chap,
a herrin gull, struts awa.
Grey chicken skin flaps frae his yalla beak.
Ah wish Ah'd the money for chips.

Guidance

Hood up she hunkers intae her seat
awa at the back. Heid doon she meets
nae een. Naebudy blethers tae her.
But derk whispers slither aboot her desk.
Bundled up she hides her shilpit boady.
Thin sleeves hing doon hidin, aye hidin
the marks on her criss-crossed airms.
Yisterday's pain. But noo she's oot, awa.
Mebbes she can forgit til the nicht. Mebbes
he'll no be in. Mebbe this time her maw will
see, will mind aa the fun thay hud afore
whan thare wis jist the twa o thaim.

The teacher sees her, notices the banes
o her shoulders tremblin lik angel wings.
Sees her wan face keek oot ahint her veil o hair.
Wishes she cud tak her hame. She struggles tae
catch the wee lassie's een, tae pull her up an in
tae the warld o the class. Sauf. At least till
the hame-time bell signals the daily rammy.
She opens the buke. *Today I have to talk*
about sexual health.

Brinkie

The bairn gangs aff alang the wey
a toddle still no yet a wauk –
a wee waddle, a wee bit brave
just a new chickie
at the peep o day.
We stravaig, ma heart in ma moo
wi fear o her tummelin.
A ribbon o love binds us,
Ah haud her tethered lowse
this little ane wi the hail
warld in her een.

Glasgae

A sandblasted tart gallus an game for a lauch,
steel toecaps echo in empty yards,
grimey bunnets forget thair place.
Noo it's the Style Mile, aa Jimmy Shoos, Jaffa tans,
peerie heels an fairy wings as barelegged storks
shriek intae toon skreechin n laffin, lookin for lust.
Hard lives spill on pavements, jokes cut doon tae size,
unstoppin, unstoppable. Profanity as punctuation,
verbal graffiti scribbled large.
Motorways hurtle naewhur fast, jist awa.
Bridges squint at the toon.
Jaywalkin's performance airt.
Aw the streets are pedestrianised tae us
cept for white stretch limos hootin an tootin.
Ivery nicht's a hen nicht, ivery day's an Orange Walk.
Merchant city street names flaunt bluid money
– Empire's shame. Duke Wellington's
fair game for judgement shown in traffic cones.
In the Square feet stomp, flags brag challenge. *Whase streets?*
Oor streets! No pasaran, justice-not-charity foodbanks.
Under it aa the subway rattles, whirlin roon n roon
aye stirrin it up. Pakora, Pride an Primark,
Glasgow – *bring it on!*

Rangers Supporters Club, Kirkintilloch

The Ibrox Disaster

Fans an bogles boorach in, aa weekend drouthy.
Pints an haufs heavy on the bar. Nae need for folk
tae glance at the keekin gless, a treebute. Yon names
are tattooed on thair herts lik the RFC on thair hauns.

Fower lads, aa high jinks, awa on the bus tae celebrate.
Thair last Ne'erday, the auld firm niver mair. Noo thair trakit.
No in photaes o waddins, birthdays, or schuil. Alang wi
the ithers. Saxty-sax thegither. Wrack an wraith.

Thon bane-chillin day thay wur stappit on scuffie staircase 13,
pangit in a heap. Braithless. Gaw burstin. Hunners
cowpin aa thegither. Day an daily folk lowsen, then bind
thair scraufs – blue an green. The toon murnin thigither.

Years efter Ah read the scrowe o the deid, saxty-sax.
Shair Ah ken fameeliar names frae ma teacher's register.

Younker

glowerin sky   packed bus
cosy safe inside
dreich folk aa gang hame

knackered workers slip aff
thair burdens   derk thouchts
a lad kicks kicks kicks
the seat in front o him
bang kick bang

thump kick he's hummin
alang wi his phone   fingers
dancin texts tae his pals
neon gutties beat tattoos
on the seat

he's aa noise a rammy
in an empty
poppin jumpin laffin
at the auld wimmin
moanin an tuttin ticht
buttoned soor faced

at the shoppin centre   he's up
ting   ting   tings the bell an
AFF!

the bus is quait   deed space

The Servant Problem

Whit a bloody scream! Did ye see his face?
Purple! Ah thocht he wis gonnae explode!
Whit a cairry on ower a wee drap
o bevy that's gaen missin.
Shair that's naethin. Ye'd think
he'd loast the crown jewels
insteed o a few bottles o wine.
Aye an naebudy's sauf. Ye shud hae
heard the Maister on at his missus.
Whit a laff – she's the ony wan
wha's supposed tae hae the cellar keys.
Mind you,
it's a pure insult.
Aw thon fuss cos he thinks we're helpin
oorsels. Aye blames the servants so
he dis. It's nae joke but.
Ah git scunnered whan ah think
o whit his boy's up tae.
We aa ken whit he's helpin himsel tae.
It's thon bonny wee maid that should be
unner lock n key. But of course, that's no
the same tae him. Weel, Ah'll be damn glad
tae see the back o him.

Aye Ah'm gien up the servant life
the locksmiths taen me on.
Seems Ah've got a talent for it.

Rapunzel

Moss Height, Glasgow

Are ye no feart? Schuil pals wunner
Sae high up? Plump palms on the sill
she learns the toon's clutter. Fitba pitches
whare Daddy plays day-bricht wi floodlichts.
Motors birl an hurl roon shinin the nicht.
Barbie-pink curtains aye open. The shops,
whare the wumman upstairs works, aa wee toys.
Her magic show. Dancin wi the wind the swayin flats
fuel her dreams. Ower the noise o the babby
throu the wa greetin, the telly blethers.
A hundred people now feared dead
in the Grenfell Tower blaze.
Streechin oot, freckles agin the gless
she peers doon at her building, wunners
Whit's cladding?

Kate O'Shanter Considers Tam

Tam? Whit a bam – a pure disgrace.
He's Chieftain o the Puddin Race.
He swallies ale, rolls in drunk,
Ah'd be better aff wi a bloody monk.
Ah sit an wait by the licht o the muin
an wish ma hert played a different tune.
Ae fond kiss brought us thegither
but noo sex isnae worth the bother –
Ah wish Ah'd listened tae ma mither.

An where's he bidin aa this while?
– Where aa thay drouthy neeboors meet.
It's eneuch tae mak a wumman greet.
An knowin him, he'll git lucky –
a pal'll buy a pint o Buckie.
Then he'll roar hame the lang Scots miles,
nae wunner Ah cannae raise a smile.
Nurse my wrath tae keep it warm?
Too richt – Ah plan tae dae him harm.
Och if Ah'd a knife or a strangling rope
maybe then Ah'd hae a wee bit hope.

An his pal Rabbie – wit a skellum!
aye scrawlin on the vellum.
He's naethin but a blusterin blellum.
He dreams o fumblin in the dark,
rippin aff a lassie's sark.
But oh, Rab's dark eyes mak ye burn.
Ah fair wish Ah cud get a turn.
Ach Ah'd had enuff wi all thon stuff.
But, nae surprise – Ah got up the duff.
Leave? Where'd Ah go? Gonnae tell me if ye know.
Yer hame's yer castle?
Huh – nae if yer merried tae an arsehole.

Batchelor Bold

Did ye see him sittin thare ablow the pulpit?
Publicly humiliated for lewd behaviour an fornication?
Ah dinnae think. Lauchin aa ower his soncy face
whiles aye awbidy gawps at him.
Rebuke? Mair like Rabbie advertisin his ware
for aa tae share. It's a bluidy disgrace.
He's got nae shame, preenin up on that stool
regular as daybrek, rain or shine. An whiles
we wur aa tumblin-fumblin in the meadow
he telt me, telt me, he wis mine.
Ah'm jist a bluidy fool.

The meenister maun be daft if he thinks
Rabbie'll stoap his cairry on. Rab says it's
like the drink. He claims he's parched an
that anely wimmen quench his thirst. Och
Ah ken for shair Ah'm no his first.
The meenister promised Rabbie wid gang tae hell.
Well mibbe, just mibbe if aa the lassies tell.
But dinnae think Ah'm complainin, Ah'm fair glad
a body's staun up for us wimmen. Rab whispered
saft an low, telt me, telt me Ah wis his reid reid rose.
Weel whan Ah meet him Ah'm gonnae bloody his nose.
The Cutty Stool … ah ken whit Ah'd cut!
Has ony buddy got a knife?

Hert Gled

In oor tent's skin
oor place o haud
we coorie close.
Oor warld lies here
we are oor warld.

Frae a bleezin heiven
cheeky stars keek doon an wink.
Our campin neeboors,
Polaris, Capella, Vega,
bank up the fire

Abuin eternity loups
an swirls alang the Milky Way.
In the mirk-derk we haudsae.
Deep in ma hert
time stauns still.

Brent-new

Flaffin ower   roon
backlins   a thistledown
in the laur.
Her pairlie leuk skiffs
her caulder warld.
Ah wiss her pleisance.

St Kilda Post Boat

Winter 1886

Pick a sheep tae slauchter,
nae an auld yin, a sappie yin.
Tak oot its slack stamack,
clean, eat the lave.

Gaither driftwood frae the foreland,
no mony feet square, nae droukit.
Cairve a wee boat, a whim
nae need tae be richt.

Howk oot a hole, howe deep,
tae haud weel-scribed letters snug.
Seal agin wind, watter, chance.
Inflate the painch, see it disnae leak.

Festen tae the boat, kiss tae fare it weel.
Airt oot the tides, gang tae the shore,
ye'll ken whaur's best. Watch oot for skua.
Throw in tales, howps an blether.
Throu the Gulf Stream.

Bluid Muin

Still cannae see ye. Are ye drount in cloods?
Naw thare ye are, keekin oot, skeich, ahint thon tree.
An noo, a derk mooth opens wide, creepin,

hirslin near ye, slee an slow. Thon bent-set lover,
nibbles, nuzzles up. He shadow-snaiks a kiss an twa,
turns yer pairl shudders aa reid, aa set sair.

Ye'v nae waygate. The starns are playin hidie,
nae help thare. Ah hope it's nae hurtsome,
sin ye'v got nae choice. Mind, it'll be duin or lang.

Disgusted frae Drymen

Weel huv ye heard the like?
Thay Romans ower in Bearsden
in thair fantoush hooses, villas thay cry thaim.
Clarty buggers, clarty clarty,
an jist doon the brae frae oor weans.
Ye've nae hird? Weel haud a wee,
Jeannie telt me that Maggie telt her that
thay aa gang intae a big pond fou a watter,
cavort aboot in the scud. Truelins. Thay cry it
washin. As if.
Whan thay're dun thay slaver thaimsels wi ile,
aye everwhaur. Aye fish ile lik as no, wit else?
Then, haud on til ye hear this, thay howk it aff
tae git rid o the durt. Couldnae mak it up.
An thon's juist the stairt.

Maggie said thay dinna use chanties like us, nae chuckin
it in a howk awa frae the biggins. Nae,
lik corbies on a ruif, thay hunker thegither
on a stane wi thair arses hingin oot.
Oh stap lauchin, its true! Aye e'en whan thay're aa happit
in thair togas lik bogles. That's whit thay dae.
Aye mind thon the neist time thay demand …
whit dae thay cry it? Tributum, poll taxes?
Oh naw we're nae hain yon. Nae gien that
durty, clarty clamjamfrie onythin.
Thay're jist no civilized lik us.

Leaving Harris

Birsie sea blatters me
awake hampert unner grey
skies. Wind sighs aff
the empty machair throu
trees braced agin the weather
– ower early in the year for
the rasp o corncraik.

Ah hear the byler's blirt.
Tannin an sugar haud aff dreams.
Tradeetion smores
lauchter in rooms choked
wi inheritance. The ingle rattles
lang-cauld emmers,
a radio drones ither sangs in
the auld voices.

Hatchin Plans

Naw, bide here till Ah get back.
Ah'll naw be a minute. Watch the weans.
For crying oot loud grow up.

Thon's nippin ma heid.
Repeat repeat whinin repeatin whinin. Repeatin.
Maw telt me tae stay here, tae keep ma een on
the wee yins. Ah wish thay'd aa haud thair wheest.
The waws are aa closin in. Whinin, whinin. Cannae staun it.
This nest's jist a smootherin bowl aa mixter maxter
wi rubbish Maw brought in. She's aye daein that.
Moss, paper, faithers, wee bits o string unner ma feet.
Ah'm scunnered, hud eneuch.

Time tae strich oot, widen ma wings,
gang somewhaur new, find oot whit
aa the rackit is aboot.

Scunnered frae Skara Brae

Ower excited, he waaks at crack o dawn,
grabs farls fresh frae the fire, an awa til moon-rise.
His beardie rasps my cheek an he's oot-loupin.
No a glance back, no a thocht o me.
The bairns? Thay're foo o the stanes as weel.
Huv ye heard the like? Heavin bloody great rocks.
For whit? A new hoose? Naw. He'll haul thaim
tae the Siller Loch tae staun in a bloody circle.
Ye'd think the sun rises an sets on thaim.

He says he's bin chosen, it's an honour.
Says Ah've no tae girn but be prood. Some chance.
But mibbe, he'll bring back anither necklace.
Ah mind whan he draped yin roon ma neck, aa gleamin.
Ah sweer the nicht wis caught up in the chuckies,
dark as his een.
Och him an his stanes.

Irene Howat

Auld Acquaintance

'Is Mrs Brodie all right, Nurse?
She's talking to herself in the mirror.'
'She's just fine.
She often talks
to her reflection.'

'Yer face looks fair familiar
but Ah cannae mind yer name,
for we huvnae seen each ither for a while.
Wur we at the schuil thegither?
Did ye help at the big mill?
It's comin back … gee me a meenit …

Naw, it's gone.

Ah mind ye, but Ah dinnae.
Do ye ever go lyke thon?
Aye, Aye, ye're jist the same,
Ah can see it in yer een.

Ma name's Tina, Tina Brodie.
Whit did ye say wiz yours?
Beggin' yer pardon, Mistress, whit wiz that?
Aye, that's richt, Ah'm Tina Brodie,
but we've been sae lang acquaint
Ah'd lyke it fine
if ye'd just ca me Teen.

There's no mony dis that nooadays.'

Jesus Minds an Unnerstauns

Lord Jesus, yince ye wauk'd this earth,
kent love an loss, kent tears an mirth,
tae widden cross frae hummle birth

ye mind an unnerstaun.

Ye war lyke us tho did nae sin,
sae whit an ever state Ah'm in
wi bein oor human kith n kin

ye mind an unnerstaun.

Lord Jesus, whan Ah'm temptit sair,
an feart Ah cannae fecht nae mair,
ca tae ma thouchts an kep it there

ye mind an unnerstaun.

Ye tae war temptit by the deil,
but foucht an bet thon sleekit cheil,
e'en tho ye're God ye're man as weel

sae aye ye unnerstaun.

Lord Jesus, whan Ah cum tae dee
haud up yer cross in front o me,
in ma last meenits let me see

ye mind an unnerstaun.

Ye deed a human deeth yersel
tae save the lykes o me frae hell –
may that blest thocht ma fears dispel

ye mind an unnerstaun.

Whan lost in wunner at yer grace,
an lost in love afore yer face,
wi the redeemed Ah tak ma place

in heiven's glory land,

E'en then, dear Jesus, whit it cost
for ye tae lea yer heivenly host
tae save puir sinners that war lost

Ah'll never unnerstaun.

Swallas

The swallas flew sooth
takin simmer's licht wi thaim
aa the wye tae Africa.

Brachan-happit braes,
busses an trees
bleeze wi colours
Moses still has mind o
an they wurnae by w'it.

Yin leaf
aa on its ane
flichtered tae the grun.

Ithers cam efter
in easy-osie yins an twas
an birlin thoosans
tae the tree stood prood,
sterk an scuddie
in aa the gurls o wunter.

Yit it wisnae by w'it
for the swallas'll flee back
wi the licht
gin simmer.

Ma Ain Faut

It fair annoys me,
thon luk o patience in oor Elise's een.
She hud it on this forenoon
whan she showed me the new-fangled phone
she'd boucht me.
'You only need to press the number one
to phone the doctor,' quoth she,
an the nummer twa gets throu tae her.

It wisnae that Ah didnae unnerstaun,
Ah just stoaped listenin
whin she telt me the docter wis nummer yin.
Michty me! Ah thocht.
Is thon hoo she thinks –
that Ah'm mair lyke tae want the doctor
than ma ain kith an kin?

It's ma ain faut;
Ah've naebody else tae blame.
Tam thocht Ah wis daft
whan Ah ca'd the wean Elise insteed o Elsie
in the hope she'd better hersel.

She's din that, aa richt.

Mair's the peety.

Chynged

Misscairit ye war
ma praicious yins
an loast ye war
tae oor warld.

Thoucht lang aboot
ma nameless sons
an cooried ye war
in ma wame.

Murned ye are
doos o oor luve,
an chynged we are
by yer hame-gaun.

The Ferst Hym

The ferst hym wis
jist lang eneuch
for Flora tae pou
her skirt roon
tae the plates wur doon afore her.
She'd sprachled intil it fiercelins.

It taen her the hail prayer
tae wark oot
ilka days' denners.

The intimashuns lat Flora
fash aboot denner.
Hud she turnit aff the oven?

The preachin lastit
the coont o aa the lozens
in baeth kirk wundaes,
the hail jing bang
o the tap three nummers
on the hym buird
dividit by the boatim yin,
an twa Presbyterian pan droaps.

An the blessin?
It het Flora lyke a hemmer blaw
for the verra ferst time.

She wis loused
a new wumman.

Wunter E'ens

On simmer e'ens,
wark duin,
auld Nan daundered in the gairden
weedin an sneckin
cantie an fine.

On wunter e'ens
she cooried by the ingleside,
hemmed in, gye near droont,
by fower-neukit cloots, ilka yin bidin
tae fin its hinnermaist hame
in yin o her lappit twilts.
Thaur she'd lift an lay,
set in, peen an shew
for oors.

Whan Nan warked wi floorie cloots
she thocht o thaim
as gae a haun tae ithers.
Bricht pattrens mindit her o weans
an she shewed in her howps for thaim
wi lichtsom hert.
Thrang fowk taen up her thochts
whan steerie cloots wur in her haunds.

An as she shewed daurk squerrs
she weeshed for the maisterfu
wit an lawtie.
Wearie waashed-oot cloaths
brocht her auldest freens tae mind
an she pit up a wird for thaim.

Steetch by steetch an oor by oor,
Squerr by squerr an wunter by wunter,
Nan happed abodie in lappit twilts
in her yin-haunded ettle
tae kep the hail warld waarm.

Grannies

Ah mind whan Granny deed
bein taen tae her room
tae say cheerio.

Ah mind bein pit
tae a neeboor ower the road
an keekin oot the upby windae
whan the pail gaed awa.

Ah mind Auntie Bella.
'Wid ye lyke tae ca me Granny?'
she speired.
'A lassie's needfu o a granny.'

Ah wis nine
an Ah wis needfu o her.

Resurrection

Brachan bleezes in April drouth,
victim o sin an flinder o gless.

A brae yirdit ablow aizles,
wersh reek hingin –
a deeth-lang day's wirk.

Brunt brainches
scrat 'Whit wey?'
tae heiven.

Smirr maks the brae greet.
Its tears rin doon
synin awa straiks o ass,
lowsin ae spirl,
aa on its ane,
ae spirl
o Pask green.

The Speeder

Aa nicht lang she wuive
a wab o brawest silk
hingin it oot on a buss
tae win

an nip
fer brekfast
a beastie
stammagaistered
on its airlie mornin flicht

but nipped insteed
a million shivers o sunlicht.

Wundit

'Whit wye did ye mairry ma faither?'
speired the lassie o her mither.
She cudnae git her heid roon't,
they didnae seem blithe thegither.
Her faither wis thrawn,
her faither aye richt
an awbodie else aye wrang.

'Ye nivver kent the man Ah mairrit,'
quo her mither quaitly.
'The yin Ah mairrit went tae waur
an didnae cam hame agin.'
Her faither wis thrawn,
her faither aye richt
an awbodie else aye wrang.

'Yer faither cam back chynged;
he wisnae the same man at aa.
He quat joco, wi a glent in his ee
an cam hame wi a cast in his wame.'
Her faither wis thrawn,
her faither aye richt
an awbodie else aye wrang.

'Hoo dis he no pit the spicket aff?
Whit wye kep the watter rinnin?'
'Thair wisnae aye watter in Egypt, lass,
he's still synin awa the saun.'
Her faither wis thrawn,
her faither aye richt
an awbodie else aye wrang.

'Whit wis the waur lyke for ye?'
the lassie speired o her mither.
'Ah spent it howpin yer faither
wid cam hame aa thegither.'
Her faither wis thrawn,
her faither aye richt
an awbodie else aye wrang.

The lassie wis conflummixed.
'But he did! He wan the waur!
Then ye war thegither agin
an Ah wis born.'
Her faither wis thrawn,
Her faither aye richt
an her mither's een wis wotshod.

'Naebodie wan the waur, ma lass,
awbodie wis wundit.
He quat joco, wi a glent in his ee
an cam hame wi a cast in his wame.'
Her faither wis thrawn,
Her faither aye richt
an awbodie else aye wrang.

Monie a lang year gaed by,
watter aye poored frae the spicket
as her faither tried tae syne the saun
oot his sowl.
Her faither wis thrawn,
her mither wis richt
an she wis wrang.

A Guid Speir

'If ye see yin rook, it's a craw,
an if ye see a wheen o craws, thay're rooks.'
Thon's whit the maister telt is
an Ah believit aa he sayed.
'Craws lyke tae be on thair ane
whil rooks are mair it hame amang their freens.'

Sae the day, mair thin sixty years syne,
Ah tak tent o a wheen o craws
biggin braw bykes in the trees ower the wye,
Ah ken thair nae craws it aa
but rooks makin a craw widdie.
Sae whit wye is it ca'd a craw widdie
whan thay're nae craws but rooks?

Fit o Doon

Turnstanes fyke the kniblochs,
fidgin thair wye,
the gowk an the titlin,
in orange hosen
an feckfu nebs,
lea'in a streek
o tapsalteerie stanes
ahin thaim.

A sea-pyot leuks on
Heich-heidit,
sneist.

They lauch at mi,
the seamaws,
in a fecht
agin the wun.

Kecklin an skraichin,
tovin an scovin,
they gie thaimsels ower
tae the wun,
neffir jalousin
thair feet
will effir skiff the grun
agin.

The Lang Lown

She wis five year auld
whan she heard the lown.

Bidin wi'in the soon o the heuch's intimmers,
hushied by the rummle o pickmen's buits
merkin the chyngin yokins,
she hearkened,
an felt
the lang lown.

Awthin stapped et Knockshinnoch.
New Cumnock's braith wis hadden
an the seelence pit on her mind
an styed.

A fa o pate an fog hid breenged throu
an a deil's dizzen lay deid.

Ah wis fowr year auld, gey near five,
whan Ah heakened
an felt
the lang lown
Sairious vices spak wirds
Ah didnae unnerstaun.

Mirkie muisic hurtit ma hert
an a seelance pit on ma mind
an styed.

The King wis deid.

Are aa weans' heids straik throu by a lown
they ne'er lose min o?

Faimily Tree

Rig-banes sair thinnin raw efter raw
o neeps,
an hackin throu skliffiers
o coal.

Hauns skint scrabblin alang cundies
in the daurk,
canary wharplin,
an lousin leeks fae wunter's greep.

Feengers scratchit by caufs' coorse tangs
in a bowie
an by a weer brush
that nivir screeved awa the dross.

Wearit by herd lawbor
in rig or heuch
folk creepit tae bed
an slept
till haufwey throu the nicht
whan thur neist day stertit.

Ah wiz howked fae the coal skliffiers
an staney sile o Ayrshire,
an whiles Ah canna sleep.

Ah Wunner

Ah wunner hoo lang he tuik tae get his hair sae toosie
an hoo much ile he slarried on tae mak it stey that wye?
Ah wunner why he cut his jeans in slits acroass his knees
an whit his mither sayed efter peyin guid money for thaim.

Ah mind whit ma mither sayed whan Ah wis aboot his age.
Ah mind her cowstic comments on the shoartness o ma skerts.
'Ye're no gaun oot the door intil thon growes anither fit,'
she telt me. An whin she sayed 'naw', she meant it, so she did.

Whan Ah see ma grandson wi his heid aa iled an toosie
Ah tak ma mind back ower the years tae whan Ah wis his age.
Ah mind ma mither whan Ah see ma dochter ticht hauden
an Ah smile the kin o smile only grannies unnerstaun.

The Clootie Rug

Granny sut on her creepy stuil
wi her rig agin the reenge.
Shae needit eased doon tae it an heftit up,
but it wis whaur shae wintit tae sit
ilka efternuin it milkin time.

'A bit o hait gies easement tae ma auld banes,'
shae telt Annie, ower an ower agin.
Wyse it fower, Annie kent aa aboot it.
An auncient clootie rug wis on the flair
afore the reenge, an thon wis whaur
Annie coorit doon.

Whin baith wur settilt the wean makkit her chyce.
'Tell iz aboot the blae floory yin,' sayed shae.
The auld wumman's een fair glaimit wi pleesure.
'Thon's frae a frockie ma granny mad ma mither,
an Ah heard tell shae lookit richt bonnie.
Ma mither hud it on it a kirk soiree
an e'en the meenister's wife tak tent o't.'

Granny's crack wuive on aa aboot her mither
tae the milkin wis din an the tea masked.
Milkin by milkin Annie chaise clooties frae the rug
an Granny telt her whit ilka yin cam frae.

Granny's auld banes gat easement frae the hait
an her hert foon easement tae
is the faimily byganes raxed oot
tae the neist geinerashun.

Gin Ah Hud a Coo

Aunt Bella wis a weeda-wumman
wi twa weans tae sort
an a croft tae wirk.

Shae'd a wheen kye, chookies
– thair wis aye yin ca'd Geggly –
an twa-three fields
whaur shae ower-wuntert yowes.

The kye aa hud names.
Thair wis Mabel an Maud
in neibourin bisses,
an Maggie an Ella in the neist yins doon.

They war ca'd efter faur-oot kizzens,
fowk shae likit tae hae mind o,
fowk shae wintit her weans
tae ken wur freens.

Gin Ah hud a coo, Ah'd ca her Bella.

The Ballad o Murdoch Nisbit

(c 1470 – 1558)

'Whit wye are ye nae comin oot, Murdoch?
Whit wye are ye aye bidin in?'
'The dominie's gien iz Laitin tae lairn.
Ah'll be oot is shin is Ah'm din.'

'Whit wye are ye gaun tae Glesca, Murdoch?
Wye no stye an wirk it Hardeel?'
'Ah'm gaun thair tae wirk is a notary.
The dominie sayes Ah've din weel.'

'Are ye hame-farin noo in Kyle, Murdoch?
Hae ye cum back tae sair the King?'
'Ah'm no freen o King James an his sodgers.
Christ Jesus rings ower yon king.'

'Whit wye are ye no oot hairstin, Murdoch?
Wye are ye aye coorit awa?'
'Ah wiss Ah cud tell ma freens whit Ah'm daen,
but haen the Guid Buik braks the law.'

'Whaur wur ye thae monie lang years, Murdoch?
Are ye aye a notary tae trade?'
'Ah've bin wirkin ower the sea on a buik.'
Abuin at thair wis nae mair sayed.

‘Whar’s Murdoch Nisbit? Whar has he gaun noo?’
wis the crack o the Loudoun glen.
‘Ah’m narrer thin ony ken,’ Murdoch thocht,
‘Ah’m still in ma ain but n’ ben!’

Murdoch Nisbit hud howked hissel a den
unner his verra ain hamesteed.
He set doon thaur ilka day owersettin
the New Test’ment intae his leid.

‘Cun we cam doon an be teachit the Wird?’
speired yin ar twa wha lairnt the truith.
Sae in the stervin caul o his wee den
he slakit thair spiritweel druith.

Murdoch feenished his wirk o owersettin;
Guid’s Wird wis noo in the Scots leid.
Faithfu men cam in the nicht tae his hoose
tae hearken tae auld Murdoch read.

Murdoch’s wirk wis pit intae sauf-keppin
afore he quat his howe o tears,
no tae be foon agin an than prentit
for twa hunner an feefty years.

Simeon

Simeon wis auld.
Weerin his eild lik claiths happit roon him
he wint tae the temple it Jeruslem.

Simeon wis halie.
He wint tae the temple it Jeruslem
for the Speerit o t'Almichtie wis on him.

Simeon wis blissed.
The Speerit o t'Almichtie wis on him
mouin a hecht tae his hert.

Simeon wis leal.
Mouin a hecht tae thair herts
he telt Mary an Joseph wha thair wean wis.

Simeon wis wice.
He telt Mary an Joseph wha thair wean wis
an warnished thaim o ill days tae cum.

Simeon wis pietuous.
He warnished thaim o ill days tae cum
yit blissed thaim.

Simeon wis din.
He blissed thaim,
an weerin his eild lik claiths happit roon him
he wint hame tae dee.

The Ferst Warld Waur

The pellock that felled Franz Ferdinand
Skited roon the warld
fellin, in roon nummers,
11,000,000 sodgers,
7,000,000 ither fowk.

They wur no roon nummers.
They wur Sergei, nae lang trystit tae Masha,
Stuart wha sheuched in kale afore he quat,
Marie-Therese, mither o twa,
Fritz, loo'ed lad o auld Frau Krueger,
a bairnie, takin her verra ferst sook,
an her mither.

Thaim as pit ower bled on
thair wummen an weans.
E'en they wur sair wundit
by the pellock that felled Franz Ferdinand
an skited roon the warld.

The Crackit Cup

Whan his freens gaed aff tae waur
Tam mendit dykes an milkit coos,
howkit tatties an set in kale.
He gaed abody a haun.

Whan the warst o news raucht hame
an wummen herkent thair menfowk war deid
Tam thocht an better thocht whit he cud dae
tae gie thaim easement.

The sin wis blisterin het
whan news cam for Kate.
Tam pickit up his yin cheenie cup,
a crackit cup
filt it wi watter an gaed tae see her.

The weeda grat awfu tears
burnin lyke the sin.
Tam sat quait aside her.
Whan she stapped
he gied her his cup o watter.

Kate haudit the cup in tremmly hauns,
takin tent o the watter
joppin ower the tap o't
an teuk a seep.
It rin ower her thrapple,
loosin her tang,
an she sat an telt Tam aboot Davie.

Brithers

Whan Wullie wis eicht he skited
intae a linn
an cudnae git oot.

The mair he focht
the mair grun gied wey;
thair wis naewhaur tae gie him a grup.

Sprachlin doon on the broo
Wattie raxed oot sair
tae his brither glaummed his haun.

It wis thair faither that cam rinnin
tae thair skraichin
an poud Wullie oot the linn.

Gaitherin baith his weans in his airms
he shooderit thaim hame.

Nane o thaim effir forgot.

Robbie

I

Ah thocht o hame,
Ah wearit for hame.
Hame wis narrer by iz nor the
fechtin.

Ah herkent peewits ower the brattle
an the souch o the hame wun
as Ah sprachled up an ower,
up an ower,
up an ower.

Ah cud hare the bairn yaummerin
an hud a waff o Maisie aside iz.

Ah kent Ah wis gaun gyte,
but it wis easement tae be gyte
it Passchendaele.

II

Ah thocht o hame,
a wearit for hame,
but whan Ah got hame ma bairn didnae ken me.

She hidit roon the settle an grat
whan Ah gaed nearaboot ir.
Maisie blirt an snottered
an Ah near gaed gyte.

The hame Ah'd wearit for wisnae samen.
The bairn Ah'd dremed o wis feart o me
an Ah cud see in Maisie's een
she wis feart tae.

A rin oot afore Ah gowfed thaim
an near whummled Tam.
Maisie cam efter me
haudin the bairn.
An whan they cam near me
Morag warsled oot her airms
taen Tam's haun
an cooried in ahin him.

III

Ah thocht o hame,
Ah wearit for hame,
an whan Ah cam hame Ah cudnae thole it.

Ah cudnae set tae wark
an hud a haterent o Maisie daen it.

Yin day Ah taigled in shedda o the hoose
takin tent o her thinnin neeps.
Morag wis by the rigside
wi a haunfu o gress asideh her
an a wee steek in her haun.

A leuked as she dibblet
an pit a bit gress in the powk.
Than she pit her haun aside it
an meeshured a nieve afore dibblin
an sheuchin in the neist yin –
Ower an ower
a nieve apairt.

A went ower tae the bairn
canny, sae as no tae fricht her.
'Wha teacht ye tae set in leeks?'
Ah speired, quait lyke.
'Tam did,' quo she.
'He set in yer leeks
an teacht me hoo tae dae it.'

Ah leuked alang oor raw o leeks
an cursed masel for no jalousin
that whill Ah focht the warld's waur
Tam focht mine.

Cerved Herts

The trees in the wuid stood prood
thair cerved herts twinin nems thegither.
Sabbath by Sabbath wummen daundered doon
tae hud tryst wi thair mindins.

Maisie whiles teuk Morag wi her,
mither tellin dauchter
aboot her faither afore the waur.
'Ye neffir kent the chiel Ah mairrit,' quo Maisie.
But it wis mony a lang year
afore Morag unnerstood.

Wattie an Wullie's weedas gaed thegither,
sisters mairrit tae brithers,
sisters sair vext.
The herts gaed thaim easement;
the herts lat thaim greet.

Kate hud mairrit agin
an broucht her man tae see
whit Davie hud cerved.
She wis pridefu
o the yin loast
at Ypres.

Thair wis nae hert for Tam,
nae nem twined wi his.
But thair wis ludgin in ilka hert,
a walcome at ilka hearth.

Hauflins

Maist efternins Tam raiked the wids
gaitherin kennlin
an dirkins tae gie a bleeze.
Whiles yin o the hauflins wid cum up anent him
an Tam jaloused he needit a crack.

'Dae ye mind ma faither whan he wis ma age?'
lads speired, yin efter anither.
'Aye,' Tam'd say. 'Ah mind him.'
An then, lyke a cauf wi its heid in a bowie,
ilka lad wid laip up aa Tam cud tell.

Afin they endit by the burn
takin tent o the watter
whill the drooth in hauflins' herts
wis slaked.

Cum thair pairtin
Tam wid hud ilka yin's een
langer thin wis canny for ordinar.
Thare war things sayed atween een
that cudnae be pit intae wards.

Tam's Waur

Efter the waur wis focht an wan
the young laird cam hame.
Fowk wur prood o thair Major
an e'en prooder
whan he mindit wha they wur
an gied thaim the time o day.

Yin efternin he met Tam in the wids.
'Did you have a good war, Tam?' speired the Major.
Tam leuked him in the ee.
'The King had naethin Ah cud dae for him,'
quo he quaitly.
Rid-faced at his dowfness the Major
chynged tae ither on-goins.

Whan he met the meenister
the Major telt whit Tam hud sayed,
an hoo seeck sorry he wis tae hae speired.
It teuk the meenister mair nor an oor
tae tell aboot Tam's waur
an the young laird wis the better o'it.

A wheen o years on Tam gaed hame,
slippin awa quaitly in his bed.

Awbody wis et the kirkyaird,
frae auld fowk tae hauflins.

Afore the meenister spak
the Major telt hoo Tam hud seen his waur.
Thair wis hardly a yin
whase een wurnae watshod.

Whan aa wis din
the meenister raxed up his airms
ower the yin whase king
hud nocht for him tae dae
an lippened Tam for aye
tae his Maister.

Acknowledgements

Ann MacKinnon's Occitania, Dry Stane Dyke, Sculptor, Lookin for the Rowe Back & Empty Shore were first ootset in *Lallans*, Postcairds Fae Muck in *The Herald & Lallans*, My Grandmither's Table in *Spindrift* (FWS, 2018), Hebridean Funeral in *Chapman*, Shaddae Boxing in *The Herald*, Glesga Schuil o Airt Rebiggit, 2017 in *X Anthology* (SWC, 2018), an Leaving Hame & Glesga Schuil o Airt is Deid, 2019 in *Glasgow: Historical City* (Seahorse Publications, 2019).

Finola Scott's Stane Dyke wis ootset afore in *New Boots & Pantisocracies*, Newfangled in *Obsessed with Pipework*, Thegither in *Dark Times* (Thunderpoint publishing, 2017), Faithful Unner Tyranny in *Desperate Times* (Thunderpoint publishing, 2018), Fanatics in *Gutter*, Metal, Mair Like Mental! in the *Dundee Law Heritage Project*, 2018, Scottish Horse Squadron in *Visual Verse*, The Guidwife in *Maligned Species* (Fair Acre Press, 2016), Cheeky Burdies in *Umbrellas of Edinburgh* (Shoreline of Infinity, 2nd Ed., 2020), Tousled Feathers in *Diversifly*, Glasgae in *The Grind*, Younker in *The Centenary Collection* (Speculative Books, 2020), The Servant problem in *Poets' Republic*, Rapunzel in *Poems for Grenfell Tower* (The Onslaught Press, 2018), Kate O'Shanter in *Poetry Scotland*, Bluid Muin in *Multiverse* (Shoreline of Infinity, 2018), Leaving Harris in *Dreich*, and Scunnered frae Skara Brae in *Northwords Now*.

Irene Howat's Auld Acquaintance & Ma Ain Faut were ootset as weel in *WordWise*, Jesus Minds an Unnerstauns in *WordWise, Monthly Record & Lallans,* The Ferst Hym in *WordWise & Lallans,* Wunter E'ens, Wundit & Simeon in *Lallans,* Faimily Tree in *WordWise & The Herald,* an The Ferst Warld Waur, The Crackit Cup, Brithers, Robbie, Cerved Herts, Hauflins & Tam's Waur in *The Crackit Cup* (Handsel Press, 2018).

Aboot the Makars

Irene Howat is a weel-kent, award-winnin makar, wi her wark maist aften seen in Lallans. She has wan the McCash Prize, the Robert McLellan Tassie, an the Hugh MacDiarmid Tassie. Irene has aboot sixty buiks in print wi Christian Focus Publications an her maist recent poetry collections, *The Crackit Cup* an *The Gladness of Birds,* were ootset by Handsel Press in 2018 an 2020.

Ann MacKinnon is a makar an retired teacher wha's screivin is aften seen in magazines, newspapers an anthologies. She wis a McCash runner-up in 2017 an a winner in 2018. In 2014 she wis a Scottish Book Trust New Writer wi her Scots poetry. Her pamphlet, *Nae Flooers* (Tapsalteerie, 2015), wis shortlisted for the Callum Macdonald Memorial Award.

Finola Scott is a retired teacher an a weel-kent makar, wi her poems kythin in mony publications. Noo a kenspeckle performance makar, she is aiblins Scotland's ainly slam-winning granny. Finola has performed her poems at the Edinburgh International Book Festival, St Giles Cathedral, Rosslyn Chapel, the Scottish Parliament, an Kelvingrove Art Gallery. Her pamphlet, *Much Left Unsaid,* wis ootset by Red Squirrel in 2019, an *Count the Ways* by Dreich in 2022.

T

www.tapsalteerie.co.uk